**romance em doze linhas
e outros poemas**

poesia de bolso

bruna beber

romance em doze linhas e outros poemas

Companhia Das Letras

Copyright © 2025 by Bruna Beber

Grafia atualizada segundo o Acordo Ortográfico da Língua Portuguesa de 1990, que entrou em vigor no Brasil em 2009.

Capa, ilustração e projeto gráfico
Elisa von Randow

Imagens de miolo
Foto da p. 67: Daniel Barros, maio de 2007
Ilustrações de *Rapapés & apupos*: Francine Jallageas

Preparação
Leny Cordeiro

Revisão
Marina Nogueira
Ingrid Romão

Dados Internacionais de Catalogação na Publicação (CIP)
(Câmara Brasileira do Livro, SP, Brasil)

Beber, Bruna
    Romance em doze linhas e outros poemas / Bruna
Beber. — 1ª ed. — São Paulo : Companhia das Letras,
2025.

    ISBN 978-85-359-4143-2

    1. Poesia brasileira I. Título.

25-269502 CDD-B869.1

Índice para catálogo sistemático:
1. Poesia : Literatura brasileira B869.1

Eliete Marques da Silva – Bibliotecária – CRB-8/9380

Todos os direitos desta edição reservados à
EDITORA SCHWARCZ S.A.
Rua Bandeira Paulista, 702, cj. 32
04532-002 — São Paulo — SP
Telefone: (11) 3707-3500
www.companhiadasletras.com.br
www.blogdacompanhia.com.br
facebook.com/companhiadasletras
instagram.com/companhiadasletras
x.com/cialetras

sumário

Apresentação — *"De repente POW": A poesia de Bruna Beber*, Eduardo Coelho 7

Nota da autora 15

A fila sem fim dos demônios
descontentes 17

Balés 69

Rapapés & apupos 111

Rua da padaria 133

Ladainha 169

Sobre a autora 219

Índice de títulos e primeiros versos 221

apresentação
"De repente POW": A poesia de Bruna Beber

*Eduardo Coelho**

Ao publicar *A fila sem fim dos demônios descontentes*, em 2006, Bruna Beber impulsionou algumas mudanças na poesia brasileira contemporânea, hoje disseminadas de forma notável. São exemplos disso a investigação criativa de uma voz dedicada à intimidade, com predominância de versos lírico-sentimentais ("tô dormindo no lodo/ da vala confortável onde dormem/ os apaixonados", do poema "Situação"); desenvolvimento de uma rebeldia travessa ("meto no bolso uma dúzia/ de laranjas podres e sacaneio/ os toldos coloridos da cidade", de "A nova onda"); diálogos intertextuais e intersemióticos ("beibe/ eu sou um blues nacional/ cheio de exagero/ e corações roubados", de "Adj."); além de citações como a do título do livro, extraído de uma pichação, conforme a autora explicita em nota na p. 68. São igualmente frequentes os versos de intensa oralidade, às vezes semelhantes a ditos populares ou textos de carroceria de caminhão ("banho de água fria/ se cura com balde/ de café", de "Lusofeelings"), bem como o aproveitamento instigante do humor, presente de todo em "A novíssima literatura".

Trata-se de um conjunto de características avessas ao paradigma acadêmico da época — a poesia de João Cabral de Melo Neto e sua impessoalidade —, que a partir de *A fila sem fim dos demônios descontentes* sofreria uma gradativa desi-

---

* Eduardo Coelho é professor do Departamento de Letras Vernáculas e do Programa de Pós-Graduação em Letras (Ciência da Literatura) da Faculdade de Letras da Universidade Federal do Rio de Janeiro (UFRJ).

dratação, ampliada em diversidade de fatura mediante os lançamentos subsequentes de *Rilke shake*, de Angélica Freitas, e *20 poemas para o seu walkman*, de Marília Garcia, ambos de 2007. Essas três autoras fizeram a cabeça da poesia brasileira daquele momento, mantendo-se ainda, cada qual a sua maneira, como pontas de lança da cena poética contemporânea.

O repertório de técnicas e procedimentos de *A fila sem fim dos demônios descontentes* tem como principal leitmotiv os encontros e desencontros amorosos, não idílicos e resistentes à idealização. A mesma tendência pode ser observada sobretudo em *Balés*, de 2009 ("e tanto carinho/ guardo pra você/ numa luva de boxe", de "Paraquedistas"); *Rapapés & apupos*, de 2012 ("não quero as musas de revista/ de versace, armani, prada/ minhas musas vestem cortes/ da khalil m. gebara", de "Alfazema"); e *Rua da padaria*, de 2013 ("tanto mofo/ no que calo/ por ti", de "O romantismo"). Amor e paixão, trabalhados sob uma linguagem dessublimadora ("da merda/ do amor", segundo versos de "A nova onda"), particularizam significativamente a poesia de Bruna Beber, o que pode ser observado em "Rap":

paixões são urgentes
explodem hecatombes
hiroshima césio-137
você olha e de repente
POW
você pisca e de repente
POW
eu finjo que não é comigo
finjo que estou distraído
e de repente POW.

Nesse poema de *A fila sem fim dos demônios descontentes*, o impacto da paixão se manifesta por meio da onomatopeia "POW", em diálogo com as HQs, mas Bruna Beber ainda se valeu da desierarquização das palavras, ao provocar contrastes semânticos. Estes mimetizam o impacto sofrido nas experiências passionais (o choque, a porrada), associado, em "Rap", à radioatividade sugerida através de "hiroshima césio-137". A instabilidade do vocabulário da poesia de Bruna Beber reflete sua compreensão de que as dinâmicas relacionais se encontram numa corda-bamba, com um desastre — a ruptura — que parece continuamente em iminência.

Não à toa, esta reunião de sua poesia que o leitor agora tem em mãos apresenta o título da série de poemas de *Rua da padaria*, "Romance em doze linhas":

quanto falta pra gente se ver hoje
quanto falta pra gente se ver logo
quanto falta pra gente se ver todo dia
quanto falta pra gente se ver pra sempre
quanto falta pra gente se ver dia sim dia não
quanto falta pra gente se ver às vezes
quanto falta pra gente se ver cada vez menos
quanto falta pra gente não querer se ver
quanto falta pra gente não querer se ver nunca mais
quanto falta pra gente se ver e fingir que não se viu
quanto falta pra gente se ver e não se reconhecer
quanto falta pra gente se ver e nem lembrar que um dia se
                          [conheceu.

Em *Balés*, a problemática amorosa se mantém em cena, mas foi submetida a uma perspectiva analítica de maior aprofundamento, em que os contrastes emocionais e a produção imaginária de subjetividades encantadas se acentuam ("aos corações namorados/ desejo uma forração de pneu/ para tratores, é desnivelada/ a estrada do amor// [...] já aos corações devotados// aos seus corações namorados desejo,/ sobretudo, o enrosco, aquele laço fatal/ do nhe-nhe-nhem do carinho e o tempo/ medido por um relógio de pulso quebrado", de "Artigos para presente"). E as incertezas em torno das relações interpessoais também ganham corpo ("não sei de que material seco são feitas/ as perdas", de "Anéis", e "nossa história tantas imagens/ que desconheço", de "Ímpar").

Encontramos em seus versos experiências amorosas que exigem estofo, porque o fim já se anuncia antes de as relações se iniciarem. O desnivelamento do percurso amoroso é pedagógico, ensinando a impossibilidade da concepção do amor eterno ("dentro do nó um laço/ que dissonou// é assim a dança/ das tentativas// uma hora é encontro/ noutra vapor", de "Pares"), bem como a impossibilidade de organizar certezas acerca da vida, como deixa entrever o poema "Verbo irregular", de *Rapapés & apupos* ("não quero me especializar/ em ter certezas, em fabricar/ situações definitivas").

Enquanto em *A fila sem fim dos demônios descontentes* as dinâmicas amorosas e passionais aproximam-se do tom dos registros de um diário, sobretudo a partir de *Balés* o imaginário é adicionado como fator determinante, para então manifestar um repertório de vivências possíveis, contudo incertas ("e por isso imaginar nossa casa, outro quarteirão/ sua sombra passa com bigode de leite para a cama/ e apaga as luzes da varanda// resta aos ganchos uma rede arrebentada/ e entre nós espaços em branco que não são lençóis/ nem túmulos recém-pintados em dia de finados", de "Ímpar"). Os "espaços em branco" não são isto nem aquilo, mas então o que seriam? Compete, agora, ao imaginário dos leitores completar as lacunas, de modo que a tendência da poeta de se lançar ao imaginário é exigida igualmente de quem a lê.

É bom esclarecer que o acréscimo mais vibrante da imaginação não dispensou a linguagem dos diários: as relações entre poesia e vida estão presentes em todas as obras de Bruna Beber, o que a autora inclusive observa em *Rua da padaria* ("vivo de anotar/ no caderninho", de "O mutismo"). Acontece que cotidiano e invenção passam, de pouco a pouco, a coexistir cada vez mais, como em "Molhar as plantas", do mesmo livro:

tudo tem barulho de mar
enceradeira isopor carro
em movimento aerossol
espirro pistola moeda

telha bombardeio cigarro
queimando pia degradê
cãibra inseto monge
sua vizinha o futuro

tem barulho de mar
na camiseta no quadro
chinelo aeroporto gaiola
panela caverna birita

beijo tem biblioteca
também um curió bola

de chiclete sobretudo
um dinossauro alado

tem mar de todo tipo
de barulho e dentro
de cada mar um ralo
entupido de cabelos.

O cotidiano vai se mostrando também por intermédio do memorialismo, outro gênero da intimidade — já perceptível em *A fila sem fim dos demônios descontentes* ("sanja mais uma cidade americana/ esquecida entre a igreja/ da praça da matriz/ e um vagão abandonado// onde eu cresci/ comendo danoninho roubado/ de cargas tombadas/ na rodovia presidente dutra", de "Sanja Quiet Down I Need to Make a Sound"). O memorialismo é uma característica cara à poesia de Bruna Beber, que passa a se tornar mais notável desde *Rua da padaria*.

Em sua poesia, entra então em cena, de maneira mais intensa, a vida familiar, com a casa e fatos domésticos ("todo urubu titia gritava/ urubu urubu sua casa/ tá pegando fogo// todo estrondo na rua/ papai dizia eita porra/ aposto qué bujão de gás// todo avião vovó acenava/ é seu tio! desquentrou preronáutica/ num tenho mais sossego", de "O que dói primeiro"). Além disso, acentuam-se as sociabilidades infantil e juvenil, em que podemos encontrar o ambiente escolar ("o déficit de atenção/ da sala passa correndo/ vô soprá, vô soprá// o cdf diz cuidado jairo/ a feira de ciências/ é amanhã// vô soprá, vô soprá/ fffuuu meu sopro/ de avião fffuuu", de "Maquete").

Esse memorialismo vem acompanhado do maior número de índices lúdicos de oralidade, como onomatopeias e variações linguísticas que investem sobre a comunicação informal. O registro de outras vozes é mais um aspecto relevante nesse processo de construção de um lastro de vivências passadas, íntimas, ancestrais, que se revelam, às vezes, como parte formadora da obra da poeta. Há, ainda, um crescimento facilmente perceptível de uma voz que se destina ao outro, como na série numerada de poemas "Romance em doze linhas", em *Rua da padaria*.

Não menos importante é a capacidade de Bruna Beber de captar o assombro que irrompe do cotidiano e rompe com o tédio. Em grande medida, seus versos foram criados por meio de fatos extraordinários — substratos fundamentais que mobilizam a vida no ímpeto de construção de novas experiências e de novos sentidos. Essa característica pode se manifestar tanto nas dinâmicas do amor-paixão, que desarticulam e reinventam as formas de compreender e sentir a existência, quanto na ocorrência do que "parece não existir", destacado no poema "23" de *Ladainha*, de 2017:

> [...] *eu passeio nessas ruas só porque*
>   *[as folhas andam*
> *atrás de mim enquanto eu caminho*
> *(uma delas ficou presa num pedaço de pau, outra*
>   *[num poste)*
> *e sempre que algo assim que parece não existir mas*
>   *[existe e se revela eu digo olá.*

Ao saudar o extraordinário, através de seus versos Bruna Beber conserva o assombro e o encantamento ("e o que eu quero é criar/ memória pros outros", do poema "71", e "Todo poema carrega um rosto/ e nele um susto que nunca passou", de "83"), que estão muito atuantes em *Ladainha*, último livro deste volume. O extraordinário também se revela por meio de imagens surrealizantes, que geralmente participam da construção de um humor inegável: ele atravessa os dramas existenciais, com suas "dores barítonas", segundo o poema "47", reequilibrando, dessa maneira, a sinuosidade dos percursos.

Nas páginas deste livro, temos a oportunidade de encontrar muitos rostos e nos comover com sustos e diversas frequências emocionais que estimulam a condição antiburguesa da poesia de Bruna Beber. Essa poesia consiste, em grande medida, no registro do "instante", dividido com o leitor, conforme versos de "43" ("ligo, escrevo, canto, rio/ para falar do instante/ como este que dividimos agora"), investindo assim na comunicabilidade, um dos índices fundamentais de sua poética desde a publicação de *A fila sem fim dos demônios descontentes*. É dessa forma que, com *Romance em doze linhas e outros poemas*, podemos firmar uma leitura que nos tira da zona de conforto e, de repente, POW!

nota da autora

Estreei na poesia aos 23 anos recém-feitos, em 2006, com *A fila sem fim dos demônios descontentes*. De lá até o *Veludo rouco*, publicado em 2023 pela Companhia das Letras e vencedor do Prêmio APCA na categoria Poesia, publiquei outros quatro volumes. Este *Romance em doze linhas e outros poemas* reúne os meus cinco primeiros livros, que estavam fora de catálogo havia muitos anos e agora vêm ao mundo, juntos — que alegria! —, dezenove anos depois da minha estreia.

São Paulo, março de 2025

a fila sem fim dos demônios descontentes

[2006]

And it breaks my ha-ha-ha-ha-heart.
Regina Spektor

john cage

partiremos
surgiremos
morreremos

dos barulhos afinados
estancados das sirenes do corpo
de bombeiros

surgiremos
morreremos
partiremos

dos assovios noturnos
do vento
nas altas esquadrias

morreremos
partiremos
surgiremos

num palco abandonado
para cantar uma música
e sair.

a nova onda

meto no bolso uma dúzia
de laranjas podres e sacaneio
os toldos coloridos da cidade:

paris, tu paries, paris, que je te quitte

a sutileza do *fare thee well*
pelo telefone, a doçura dos ventiladores
não explica a origem da merda
do amor

there I go, there I go, there I go, there I go

enlouqueço
com zumbido de corrida de fórmula 1
aos domingos
não recebo visitas
do carteiro

si me extrañas mándame un fax

ah quanto dote não possuo!
meus bens, vasilhames plásticos
de margarina sem sal, em latas de óleo planto
feijão, caroços germinam antes de virarem câncer.

rio de janeth

chovem rios
mas aqui é o mar
quem leva a princesinha
do braguinha pra cheirar pó
com o tom e a garota de ipanema
e o vinicius em copacabana
drummond nos espera
sentado marcando uma hora
para ver as bailarinas
mexendo as mãos no ar
condicionado do municipal.

lusofeelings

quando formiga e arde
o nariz e o olho
engulo

choro com saliva
e o que mais comprometa
a fala

a despedida é tão intrigante
quanto a saudade
desnecessária

banho de água fria
se cura com balde
de café

beijo a mão e aceno
para o espelho
o dedo do meio.

5 am

debaixo dos olhos a mancha
negra das noites
em claro

não durmo
há vinte e dois anos
não durmo

há 22 sou ninada pelo disco
arranhado
do ventilador de teto.

adj.

beibe
eu sou um blues nacional
cheio de exagero
e corações roubados
marginal nos 70's
equivocado nos 80's
insensível, burro
e raso como as preocupações do posto 9
que não se chega de saudade
e dolorido de tristeza
mas original e animado
como toda a jovem guarda em si.

março de 84

saison en enfer

mlle. verlaine
vai com estranhos
como vão as crianças

perturbar os médicos
pra saber o que é
um estetoscópio

mlle. verlaine
me ama infinito
como amam as crianças

mas não me quer ver
nem pintado
de londres em 1872

quer me ver dormindo
doce
debaixo da terra.

câmera obscura

meu amor
afinal de contas
você me matou
ou não me matou
estou morto
ou não estou morto
pergunto
e interrompo a resposta
do fantasma com o qual
converso todas as noites
antes de dormir
e antes de tentar matá-lo
acendendo a luz.

vô

será que eu sou
tão feio assim
ou tão velho
ou é só minha barriga
roçando no shortão de banho
debaixo da camiseta
da bardahl de 87
de usar domingo
na hora do futebol
na tevê.

para requimute

não quero passar os dias
pintando barco parado
em alto-mar
nem flores num jarro
em cima da mesa
vou esperar sentado
como cego na porta
da loja de discos
batendo palma
pra maluco dançar
you're gonna make me
lonesome when you go
chorando dentro
dum conta-gotas
torcendo pra que dê certo
um dia
ou burro no jogo do bicho.

av.

calem-se buzinas
e pessoas com problemas
que problema todo mundo tem
prefiro não sabê-los
prefiro não saber do que tanto
reclamam os automóveis.

ap.

na minha casa você pode flagrar alguém
se escondendo da rotina num quarto escuro
e batendo a cinza do cigarro na janela
enquanto espia as roupas dançando em silêncio
no varal da área
às três da madrugada
você pode flagrar alguém preocupado
segurando uma caneca com vinho vagabundo
dormindo fora de hora
pensando demais na vida
e no tédio que é
essa falta de paixão.

mercurocromo

as pernas vão uma
pra cada lado
atravessar a rua em salto alto
atrás dos astros

caminhões basculantes
me soterram o peito
tratores me esmagam
o baço

deitado no asfalto
durmo
de olho aberto
pedindo sossego.

iodo (galactinha buleversada)

se algemo os pés à lua
confundo pisos com tetos
raízes com galhos
vermes com astros

e não vejo mais
a minha sombra

cabelos giram hélices
centrifugam pássaros e aviões
as mãos malabarizam
o vento do espaço

não vejo mais
a minha sombra

cuspo na terra o sangue
que desceu à cabeça
até que caia do céu
minha última gota.

merthiolate

minhas lágrimas (manchas de sangue)
se animam quando eu digo
vou tomar um banho
e uma coca-cola light
fazem festa quando eu digo
uma dose de uísque
ou um pouco mais
então exclamo
um quarto de cachaça
deveria lhes bastar, biscateiras
e me manter vivo quando não há
o que privilegiar
ou preterir.

hyde park (crônica de um amor louco)

desde o dia em que ouvi o barulho
da porta batendo
fiquei anos sem ouvir barulho
de porta batendo
o médico diz é surdez
eu digo é que nunca mais
abri as portas.

carolina

um palito separa
o prazer da dor
um ponto separa
o prazer da dor
é como se você
estivesse numa e
s
c
a
d
a
de três degraus
1
2
3
e do degrau
do meio
um degrau pra cima
é o prazer
um degrau pra baixo
dor
aí eu pergunto
onde dói mais
onde dói menos
e por que me sinto feliz
e triste
ao mesmo tempo.

um pop para aretha franklin

estou cansado
de ouvir o coração
sobre ele mesmo

ora mas que perda
de tempo falar
coração

cante
ao coração
sempre cante
uma soul serenade
de apaixonar
aretha franklin

pinte
no coração
sempre pinte
um rip
que diz
rest in peace

do seu coração um beijo
a janela do ônibus viu cruzar
a rodovia

dedicando ao meu coração
um poaum poaum poaum
solo imaginário de sopros.

vivo

disca de novo e diz
que é você o número estranho
que me ligou ontem no celular
diz qual é o seu novo número
que eu não sirvo mais
e que agora você me esconde
atrás do amarelado
nas fotografias.

bilhete

queria saber se eu dissesse que
ia mergulhar daqui desse edifício
você ia dizer
mergulha, beibe
eu liguei pra perguntar
você não tava
e deixei um recado na secretária eletrônica
mas não consegui detalhar
porque sempre fico nervosa
com mensagens prontas.

neil young

uma garrafa de café
e uma lanterna
enquanto lia no jornal
a manchete de um crime passional

vigia noturno
se apaixona por mocinha
que colhe flores
às três da madrugada

um ruído estranho
a conferir
no jardim
ela velou um corpo

e já no portão
arrasta as malas
assobiando *only love*
can break your heart.

sugar blues

um corpo em chamas
rolando pela escada
de incêndio do meu prédio
era você
vírgula
meu bem
vírgula
era você
interrogação

eu avisei para não brincar
de molhar meus barcos
de papel

eu avisei que não se pode viver
como se faltassem
poucos dias
para o carnaval

você indo embora com o foco da coqueluche
e aliviando a vizinhança
você subindo aos céus com os passarinhos mortos
por crianças más
com estilingue

era você se desfazendo
na doce baforada
da janela aberta
numa manhã de calor

era você em pó
em papel picado
no tapete do asfalto
na roupa branca dos médicos
e no antigo toldo do açougue
do andar de baixo

agora eu vou rezar pela sua alma
por um emprego novo
e por um vício a menos
enquanto passeio pela cidade
de ônibus circular
numa quarta-feira de cinzas.

a novíssima literatura

você quer um dia
ser estudado
numa sala de aula qualquer
por uma turma de pirralhos
que vão zoar suas roupas hoje modernas
falar que o que você escreveu é chato pra caralho
fazer chifrinho na sua foto
interrogação

queira morrer antes
comendo caramelos
a estranha paixão de hitler
caramelos.

nabokov

nos papéis eternizo
minha máquina de escrever
e a vontade de ficar
pra sempre
parada
ao lado da bicicleta
no canto esquerdo da garagem
esperando que algo nos encoraje
a cruzar a folha em branco
do caminho.

beverage

para uma paixão de aparelho fixo
esquecida no éter do laboratório de ciências
e no sangue contaminado das seringas
dos tratamentos dentários

engarrafada por fabricantes de bebida alcoólica
para menores de dezoito anos
e afogada nas banheiras
das festas sujas que frequento

para uma paixão de bebedouro de colégio
solúvel em tinta de caneta
e prometida nos comerciais da Garoto
no dia dos namorados.

jerry

estou indo pruma esquina
onde não corre vento
nem bate sol
um lugar secreto
onde as pessoas não falam
não ouvem
e não enxergam
a calha úmida da cidade
que liga o esgoto
ao céu.

neighborhoods

se o mundo não fosse
esse aterro de
máquinas
barbas
pilhas

débitos
prazos
e canetas
marca-texto

medos
dúvidas
e embalagens
tetra pak

se o mundo não fosse
um aterro de babacas
ou se o mundo não fosse
um abrangente
e resumido
aterro de sinônimos

e se essa rua
se essa rua
fosse tua
eu ia me mudar pra lá.

mathilda night and day (bar)

flor é bonito
temos em toda parte
parque jardim ramalhete
cemitérios pra agora
cerimônias pra viagem
e aqui nesse cardápio
temos flores em promoção
entre comidas
com nomes que não sei ler
e que só vejo em fotos de revistas especializadas
quando me mostram
na cozinha do restaurante
mas o senhor que gosta de flores
sabe que se deve estar vivo
para gostar de flores.

rap

paixões são urgentes
explodem hecatombes
hiroshima césio-137
você olha e de repente
POW
você pisca e de repente
POW
eu finjo que não é comigo
finjo que estou distraído
e de repente POW.

zás-trás

estou aqui de pernas
para o ar agarrada
ao lustre
esperando sua visita

unicórnios e baratas
conversam na varanda
eu sinto sede bebo água
na infiltração da cozinha

você demora
está escuro não há luz
de poste vazando pelo vidro
trincado da janela

há horas atenta
aos gritos da campainha
quebrada minha perna cruzada
do lustre prepara um lindo colar.

quaresma apaixonado

pra você que tanto faz
se é ezra ou reza
ou os rumos
da literatura mundial
e do cinema iraniano
que não quer impressionar
e isso é tão importante
com você eu me encontro
domingo na praia
falando do calor
e do dia
bonito.

graciliano beat

vejo dragões bêbados
beliscando pipas agarradas
na roda-gigante imaginária
dos moinhos

ando arruinado
e louco
mas otimista

não fossem os vícios
e os códigos de defesa
do consumidor
eu diria que
estou farto de tudo

espero o outono chegar
e enferrujar as árvores
pra eu andar chutando folhas
e não chutando lixo.

guess rô rô

escrevo jazz
você lê jás
se escrevo gas
você lê gués
ou gás?
mata-me
de blues.

vladímir maiakóvski

paulo mendes campos
me transformou
numa nuvem de calças
e agora quando chovo
chovo botões
de rosas.

la jeune fille à marier

pique
pega

voltas
voltas
voltas
em vão

tu te escondes
em lato eixo
te escondes

&

apareces sem saber
quando te escondem
as dobras

pique
pega

voltas
voltas
voltas
em vão.

simplesmente
(*vulgo somente, sta. teresa, rio de janeth*)

no guardanapo escrevi
uma carta, um poema
um hino-conflito de amor
sobre a tristeza de quem
sente saudade

eu pedia socorro ao tempo
e perdão ao passado
e pro garçom, na jukebox,
uma canção do odair
que me toca fundo n'alma

descrevi o bar, a bebida
dizia que esperava, riscava
a despedida. eu falava
dos teus olhos nos meus
e da falta do teu corpo
por perto

conversava sozinho
chorava baixinho
e van gogh
da parede contemplava
meu girassol na lapela.

vermelho antarctica original
(*trois gymnopédies*)

lent et douloureux

> belos olhos mortos
> guardados por mim
> em fotos e fôrmas de gelo
> me ajudam a ler
> cartas que diziam
> volto em breve.

lent et triste

> congela a cidade esse inverno
> e meus dedos trêmulos
> distraídos no pino da porta do táxi
> de madrugada.

lent et grave

> meus lábios cortados
> riscados como mapas
> procuram uma xícara de café
> procuram você
> procuram um verso
> de canção popular.

elegia

meu amor
meu pavor
a voos
fora do chão.

situação

tô dormindo no lodo
da vala confortável onde dormem
os apaixonados

e lambendo sabão de cachorro
sorrindo, sentindo cheiro de maçã
onde não tem

chamando os amigos pra almoçar
e deixando a comida esfriar
pra falar de você.

granbery, juiz de fora

é parecido com a buzina
de quem sai de férias com as crianças
para o litoral
&
com o olho de quem ganha
o primeiro níquel fazendo
o que gosta

o amor é para os que conseguem
encarar o balé
noturno de luzes
perto dos pedágios
&
não para os que choram
a bezerra morta
por uma scania cinco eixos
no acostamento

é parecido com organizar o mobiliário urbano
porque você chegou de viagem
e vem para o jantar
&
com incendiar um cobertor paraíba®
despetalado no vento
frio da serra.

narinha

queria tomar um café
com bananas
em companhia da gioconda
dos subúrbios

lhindonésia

minha parafernália
a minha pilantrália
a minha tropilantra

dia amarelo de verão
céu azul
e meu amor vermelho
por lhindonésia

não vou chateá-la
falando do barquinho
de ipanema
ou de cinema
novo

morena rosa, boca de ouro
mulher amada
maria-ninguém
cheirando a abacaxi

encostada ao pau-brasil
me convida para ouvi-la
desafinar uma canção
sobre a tardinha.

cia

casacos quero para combater
a chuva fria chegando na varanda
para pedir café

bate palma, eu digo não estou
insiste, entra pela janela
vai molhar a cauda do piano

apareço pra brigar
digo vá molhar as plantas
os passarinhos

ela diz vim para dançar twist
contigo embaixo dos panos
de chão.

mega drive

estou invisível, encolhida
sentada na cabeça do careca
nazista pescando em seu maxilar
inferior uma palavra de mentira pra trocar
com os que me enganam, com os que pensam
que me enganam, com o nazista mau
e traidor como o lobo mau que não gosta
de criancinha come criancinhas
não vai me dar palavra de mentira
porque eu não posso não quis não
devo ser comida pelo mal do nazista,
que não me vê, e se ele não me vê
estou invencível, o mal, meu crime não é
crime pescar palavras, farelos
de pão, jelly beans escondidos
na cárie furada do nazista
antes que o nazista me enxergue, o mal
me enxergue, o diabo me beije com amor
eu preciso dizer tchau paros senhores
paras senhoras, evoluir pesada para o mar
como uma nuvem que vai chover.

sanja quiet down i need to make a sound

sanja mais uma cidade americana
esquecida entre a igreja
da praça da matriz
e um vagão abandonado

onde eu cresci
comendo danoninho roubado
de cargas tombadas
na rodovia presidente dutra

hoje minha foto da classe de alfabetização
nos cartazes de procura-se
espalhados pelo centro
da mesa da sala
da casa dos meus pais.

fabíola cristina

cresci com os morcegos de uma antiga amendoeira do quintal
de ponta-cabeça da meia-noite em diante
observando o movimento das bocas de fumo
e dos pais de família voltando do trabalho
e com os mendigos no pátio duma clínica de reabilitação
abandonada na rua de trás eu brincava de fingir de morto
e de fugir do hospício pelos muros laterais
me chamavam bebê-tarzan
bebê-diabo
outros bebê-mascote
de uma quadrilha de tráfico de drogas da baixada fluminense
só porque eu brincava cos vendedores de cavaco-chinês
de cortina, panela e colcha de tergal
às sextas-feiras no portão da frente da casa da minha avó
que na verdade eram atravessadores de artesanato
do nordeste prum distante bairro curiosamente chamado
centenário

só porque eu era amiga dos malucos
das vagabundas e do dono da barraca de cheiro-verde
em frente ao mercado municipal
dos desajustados e dos desvalidos
da fila sem fim dos demônios descontentes no amor
duma pichação do viaduto da perimetral
em frente ao armazém 5
do cais do porto.

Até o fechamento da primeira edição, eu não fazia ideia do autor da pichação que deu título ao livro. Pensei que jamais descobriria. Mas, com a publicação, ele soube da história e me procurou: Gustavo Speridião, artista plástico carioca, na época estudante também. No dia em que nos conhecemos, mostrei um verso pra ele — a van guarda e leva o passageiro — e, na mesma moeda, ele usou como título do seu primeiro curta-metragem. (N. A.)

balés

[2009]

E dizem que os polichinelos são alegres!
Tristura in *Pauliceia desvairada*, Mário de Andrade

ludíbrio

vou enterrar cada parte
junto ao rasto impreciso
dos mínimos sinais

e sobre cada indício
construir um cemitério
de notícias

qualquer dia apareça
de surpresa
como um soluço.

galerie

há nos seus olhos o borrão
das pinturas amadoras
em aquarela

duas velas acesas
e um nublado
de gravura

uma emboscada
no escuro
por uma joia falsa

e desculpas pastéis
cortinas de poeira
fechadas pela chuva

as íris não mais
camafeus
com a minha fotografia.

barragem

deve ser perigoso
esse gosto recorrente
de incêndio na boca

mas não há saliva pra apagar
e não há saliva que apague
por isso falo pouco

não sei o que de fato queima
fecho a boca e o fogo sai
pelo nariz

respiro mal, meu ar é qualquer fumaça
queria um gosto bom, queria pernas
pra sair correndo.

súbito barra óbito

meu amor perdeu
os dentes da frente
não consegue assobiar
seu próprio uivo

meu amor perdeu
todos os dentes
não pode mastigar os cacos
de vidro da dor.

dorsal

antes de morrer deixa pra mim os seus cadernos
quero saber como se sentiu em cada folha
e ver como se acostumou no mês seguinte

aposto que ainda gosta de azul e se arrepia
com gosto de limão, lágrimas, lágrimas
muitas lágrimas de cebola

o sorriso apertado nos olhos, a vergonha
ao dizer "falei de você ontem"
pros seus amigos na saída do teatro

e depois o caminho que fez pra fugir de mim
pros seus cadernos, o caminho que fiz
pra fugir de você nos meus cadernos

toda paixão uma receita de brigadeiro de panela
um discurso sobre a importância do filtro solar
numa cidade que não tem praia

te perdi no trajeto, papel de bala, não sei onde
guardei aquele cd-r, mas antes de morrer vou deixar
separada pra você esta folha.

março

atrasado pela tempestade
de lixo

finalmente nosso encontro
em praça pública

à paisana toda lágrima
e todo cuspe

fomos felizes
para sempre.

caixinha de música

hoje, belo dia, passeamos
no xadrez

da luz desenhada nas paredes
das prisões

da colcha da cama revirada
pelos ratos

meu tabuleiro vazio, apenas
preto no branco

calado há muitos anos
escrevi pra você

ainda parece cedo
pra que tudo se acabe.

sentido sem título

quando penso que queria
que caísse sobre nós
a pedra da gávea

dou aquela risadinha
maligna em seguida
aquela choradinha

invisível, atravessada
entre o olho e a garganta
nem piscando passa.

artigos para presente

aos corações namorados
desejo uma forração de pneu
para tratores, é desnivelada
a estrada do amor

e o raro dom de transformar
as máquinas pesadas da convivência
em miniaturas de máquinas pesadas
da convivência

uma jaqueta corta-frio para distâncias
convenientes e forçadas, brigas de quarta
série primária e joguinhos de salão
ao relento. já aos corações devotados

aos seus corações namorados desejo,
sobretudo, o enrosco, aquele laço fatal
do nhe-nhe-nhem do carinho e o tempo
medido por um relógio de pulso quebrado.

jardim

da plataforma à submersão
poucos segundos & um pescoço
se desmonta no ar

um rodopio e o delírio
de quarenta arrebatamentos
seguidos de morte

e teu nome num soneto
— emoções em cadeia —
que jamais publicarei.

festa

e então me vejo resumida a um jogo
de peças de dominó enfileiradas
no centro da sala

ao primeiro toque posso desmoronar
e desmorono, velozmente, 28 retângulos
de madeira caem lânguidos

pleqpleqpleqpleqpleqpleqpleqpleqpleq
uns por cima dos outros e todos ao chão
amontoados como corpos

e ao toque de cada peça sobre cada peça
um foguete colorido sobe ao céu
e tudo que é meu sobe junto

um espetáculo de vinte e oito foguetes
coloridos para os que olham
o céu neste momento

eu não olho, tenho algo mais importante
para ver, mas estou cego de repente,
a luz se esfarela, onde estou?

consigo medir o estrondo do acontecimento
pelo silêncio do instante que precedeu
a queda das peças

é deste tamanho
a mágica de um segundo valeu
o tempo do enfileiramento

é possível medir o choque do acontecimento
pelo pouco volume em minha voz
o resto não meço.

dirigível do amor

mandei
on monday
morning

alice morder
as hélices
do meu teco-teco

ela sorriu estilhaçada
de frio e vento
batendo na cara

mas preferiu aterrissar girando a saia
mostrando a calcinha
pros passantes.

trident melancia

ri e vem
um frescor de lavanderia
perfumar a fumaça do cigarro

15% a umidade relativa do ar
faço festa

9 graus sem casaco
faço festa

caos aéreo
tchup tchup tchuru

seu sorriso lixa
a tinta preta
do meu.

anéis

quero alegria pro poema
mas os versos saem em mi

tento decorar as penas
estão desbotadas

todas as cores
vejo em preto e branco

canto para esquecer
a grande confusão das coisas simples

não sei de que material seco são feitas
as perdas.

rua da passagem

o beijo que espero virá
da colisão das retas
paralelas

a caminho da festa
banho de lama
na minha melhor roupa

de raspão passará como tiro
em quem está ao lado
esperando o ônibus.

mobília

ah meu deus
nesta cadeira
a tarde inteira

da janela vejo a rua
vazia, o que me resta
a esta altura?

cadeira assoalho
dentes ossos
tudo range

de repente pode ser
que caia uma folha
da árvore.

paraquedistas

escrever é dedicar
os dedos à marcenaria
de qualquer jardim

desatamos as mãos
e a tontura que dá
vem do alto

o cair das nuvens folhas
passarinho avião papel
picado a lua no mar

silêncio de planta, euforia
de cama elástica, alegria
de piquenique no parque

e tanto carinho
guardo pra você
numa luva de boxe.

rifa

é muito grave fazer planos
pra amanhã

quando nem sei o que comi
ontem

quero agora ou pra viagem
um sino

que traga o ouvido atento
de um cachorro ao lado da poltrona

um controle remoto que me leve
a um canal que me faça dormir.

lagoa

é da água, vais
e vens, o número
cigano de viver
de passagem

— deixando o roxo
pros feridos
pela saudade

e um resto de cor
vermelha de herança
para os tímidos —

enquanto toda pedra
dorme eternamente
sem compromisso algum
com o calor humano.

último tango

Juro que no recuerdo ni su nombre,
Mas moriré llamándola María
No por simple capricho de poeta:
Por su aspecto de plaza de provincia.
Nicanor Parra

desolados maria e eu nos procuramos
em parágrafos onde os hóspedes dormem
sobre travesseiros de fronhas azuis macias

é tarde na represa daquela história de terror
ao redor da fogueira alguém se amedronta
com o urso o galho que quebra a sombra da lua

a armadilha de folhas nos assegura que estamos vivos
e que estamos salvos do urso dos uivos dos galhos
que estalam com o fogo

pro alto para que o som se espalhasse na floresta
maria e eu gritamos um pelo outro
nomes que não eram nossos próprios nomes.

barão

finalmente o frio
na cidade
e a chuvinha, ah

é preciso trabalhar
ora, mas que trabalhar
que nada

quero mais me arranjar
nos cobertores
de alguém.

ímpar

nossa história tantas imagens
que desconheço, nosso encontro
história que não começou

e por isso imaginar nossa casa, outro quarteirão
sua sombra passa com bigode de leite para a cama
e apaga as luzes da varanda

resta aos ganchos uma rede arrebentada
e entre nós espaços em branco que não são lençóis
nem túmulos recém-pintados em dia de finados.

cata-vento

do clarinete sopra
o som que leva para longe
os espantos

e grito alto
para puir as cordas
das torrentes

onde se aventura a fonte
dolorosa e frágil
do silêncio.

janeiro

o que inspira é caminhar em temporais
e descobrir num guarda-chuva
que enverga com o vento
uma paquera

e por esse segundo esquecer como
se atravessa a rua, não saber voltar
pra casa, não lembrar meu nome
caso me perguntem

e por esse segundo esquecer tudo
que realmente importou até agora
e o que importará
depois disso

mas atravessar a rua olhos vidrados
de expectativas, resumindo o mundo
e a vida a uma arquitetura demolida
por uma paixão à primeira vista.

notícia

tanta voz aflita
saindo de uma boca só

da qual fiz um carimbo
supondo guardar

todas as possibilidades
de desastre

queria saber
o que temem

os que têm vergonha
do próprio sorriso.

poema para encorajar hélices

começam nos olhos
os passos inseguros
da criança

que recebe uma travessa
de vidro para transportar
até a mesa posta pro almoço

ela caminha devagar, passo a passo
em suas mãos pesa o compromisso,
e, frágil, o mundo inteiro.

sonata

não me emociona o heroísmo
o que arranha as unhas nas paredes
do precipício deixo cair

a saudade que se sente,
o faz de conta, aquela fantasia
não me emocionam mais

meu coração parou de bater e agora
o que você chama de amor
eu não atendo mais.

brincos

o medo amarela os dentes
corrói todas as tentativas
de nomeá-lo

nada nos assegura
nem ninguém poderá
nos defender, estamos vivos

e se do paraíso estamos longe
quero viver mais longe
do que só é possível no papel.

rua do passeio

todo olhar bonito
pode calar
um passadismo

e a voz
lagarteando os ouvidos
em convite

cada palavra tua
um baile
de dançar agarradinho

o dia apaga eu desenho
travesseiros de sonhar
nos ombros.

dotes

coleciono mas não leio
cartas antigas, anúncios de almanaque
em latas de goiabada nolasco

sei que estou em permanente mudança
porque todos os dias abro e fecho
gavetas e caixas

no entanto aprendi pouco sobre apostas
e temporais, só sei que levam
muito mais do que trazem.

vestidos

os véus transparentes
colocados nos edifícios
em construção

— uma teia, uma túnica
de tarrafa, mosquiteiro
de berço —

não os protegem do medo
nem da morte
por despencamento

apenas invertem o processo
de chegada, estão vestidos
antes de nascerem.

pares

dentro do nó um laço
que dissonou

é assim a dança
das tentativas

uma hora é encontro
noutra vapor.

fevereiro

dou poucos dias
pra você voltar
pra mim, pro carnaval

te espero embaralhada
em retalhos de cetim
com benito di paula

a cidade vira um túmulo
quando a porta-bandeira sai
pra experimentar o vestido.

moscas

hoje, costume do tempo
que enjaula tudo que não é
o dia anterior

mas não precisa
mos dar essa voltato
da, só os cabelos podem
confundir a ventania

e se a cena é no elevador
nunca nos vimos é fim
de tarde de verão
digo vai chover

é certeiro que hoje, palavra
de escoteiro, não vamos pegar
o mesmo ônibus

estou bem feliz
pois com isso evitaremos
repetir o que fizemos
ontem

não vamos dormir não
vamos acordar não
vamos pensar por aí
que nos amamos ainda.

broches

aproxima-se o desconhecido
e junto dele a gritaria
dos grandes começos

ainda não sabe dizer
com quantas rouquidões
se faz um recuo

por isso o silêncio e a tosse
infalível técnica
de disfarce.

aviões

embaixo de contrato assinado
muitos gramas, papel e tinta
mais pesados que o ar

vejo sufocadas
— saco de supermercado na cabeça —
muitas árvores

queria recortar asas, rodas
de locomotiva, confetes de furinho
das cláusulas, minha assinatura.

porta-joias

para o raio
um conto mínimo
sobre o tamanho do céu

sempre muda
o vento, a cor do desktop
a poltrona de lugar

guarde contigo
não quero saber
das más intenções.

gangorra

era muito comum
ver as garotas grandes
queimando suas bonecas

o que correspondia
pras maiores ainda
a queimar sutiãs

e ao que me cabia, as palavras,
uma cidade inteira
lambida pelo fogo

de fora a fora
pele sobre pele derretida
no cimento

um "não pude evitar"
e ainda que pudesse
sequer hesitaria

eu era muito pequena
as pipas no céu pareciam estar mais longe
do que realmente estavam.

rapapés & apupos

[2012]

Com tiragem de cinquenta exemplares numerados e trazendo poemas inéditos escritos entre 2000 e 2005, *Rapapés & apupos* foi publicado originalmente pela Edições Moinhos de Vento (Recife), em dezembro de 2010. Em 2012, foi reeditado pela editora 7Letras, e lançado junto com a segunda edição de *A fila sem fim dos demônios descontentes*. A edição original não continha as ilustrações de Francine Jallageas. (N. A.)

paulo do almoxarifado

meu coração marinheiro
e sertanejo quer rimar
amor com barco, cheiro
de mar e cheiro de mato
com moda de viola
e garrafão de vinho
ser pirata no farol
e na roça
pra dentro
pra fora
duma moça prendada.

galo

quem mede
o que é o resto
quem é que não
vive de sobras.

você & eu

um copo de geleia
espelhando o fusca
da mesa da varanda
ladrão de galinha
no pasto, o ursinho
do fofo acarinhando
as roupas no tanque

*

sô un páçaro
e vivu avuanu
mas tem você
quieu amo tanto
q gosta tanto quando abrevio torquato (tqto)
você & eu
bordado
num pano de prato.

alfazema

não quero as musas de revista
de versace, armani, prada
minhas musas vestem cortes
da khalil m. gebara.

golightly

uma guerra
me aguarda
num porto
abandonado
onde meu barco
está ancorado
contra minha vontade
há possibilidade de paz
ou de morrer afogado
na boca de um canhão.

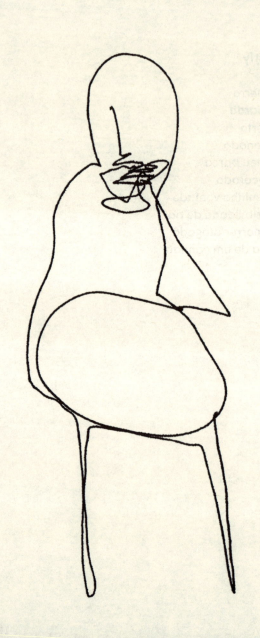

maime

contraio
descontraio
acho que estou
quase nascendo.

verbo irregular

pra sempre é passado
é mais uma promessa
apostando corrida
com todas as outras
na escadaria da penha

voltaria atrás
de joelhos
pra chegar primeiro
no futuro

porque se o tempo cura tudo
e o futuro a deus pertence
não vou duvidar
que milagres acontecem

mas pra sempre vou achar
não quero me especializar
em ter certezas, em fabricar
situações definitivas

toda vez que me vierem
à cabeça seus lábios
de algodão-doce
se dissolvendo nos meus.

fds

jane quero uma surpresa
estou triste mereço
você me esperando
em copacabana
dura e descalça
rindo da minha cara
dizendo pensou
que eu não viria.

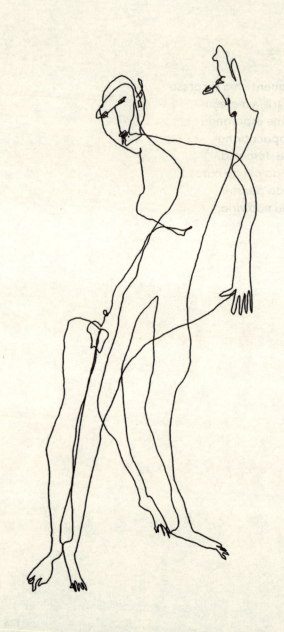

rumbos

aquele perfume
um anzol

sangue
nas papilas gustativas

um absurdo de anos
e detalhes macabros

a história a mesma
e muito nova.

conjugado coração

vamos ver o bonde
comprar o bonde
e morar no bonde
quero Santa Teresa
toda para mim
qué preu te presentear.

initials bb

não sou mulher
de relevo enciclopédico
sou um gás
hilariante

lady incentivo
à cultura
o doce
da jaca

um caralhão
uma florzinha
abolicionista.

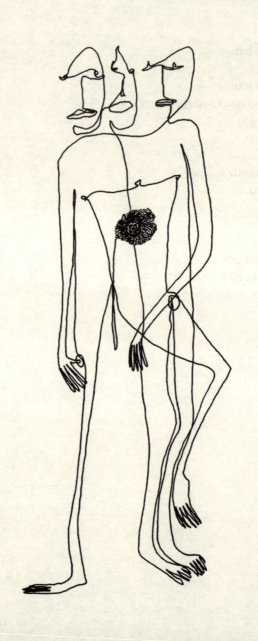

you got me going in circles

ia falar do tempo e da temperatura
do teu beijo mas eu não lembro
quem sabe o tempo clareia
essa lembrança quem sabe
você queira poupá-lo
desse imenso trabalho.

a paixão é uma altura

vou pichar que te amo
mas posso demorar
como a pétala
da flor da janela
do nono andar

não sei quem me esperava
olhando pro céu.

eggs in a window

e pensar nas ondas
da televisão ligada
na novela

estourando as paredes
do aquário
alagando a sala

é tão bom
que a qualquer momento
pode acabar

no futom couch
da sala
meu aquário, a novela.

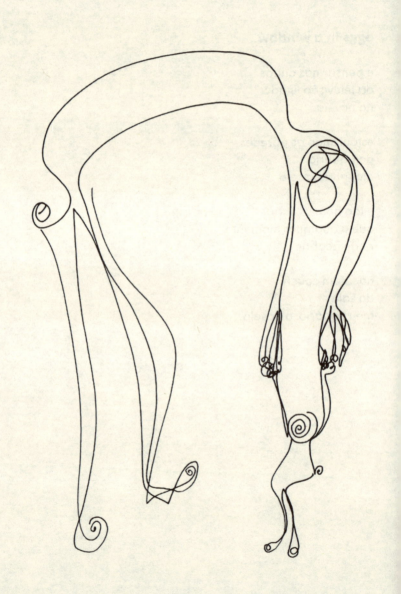

rua da padaria

[2013]

Este livro é dedicado às minhas avós
Landa e Maria

Eu sou jurarazinho lá do poço de beber
Ai, eu vejo gente e gente não me vê.

Domínio público. A Barca e Casa
Fanti Ashanti (adaptação), *Baião de
princesas*, 2002

o que dói primeiro

todo urubu titia gritava
urubu urubu sua casa
tá pegando fogo

todo estrondo na rua
papai dizia eita porra
aposto qué bujão de gás

todo avião vovó acenava
é seu tio! desquentrou preronáutica
num tenho mais sossego

temi e ainda temo toda espécie
inflamável lamentei tanto urubu
desabrigado desejei o fim
da força aérea brasileira

só custei a entender mamãe
e o que queria dizer com seu irmão
não vem mais brincar com você
papai do céu levou.

música do parque

dorotilde
nunca vimos
convulsa

toda vida
de sorriso
no portão

perfume para três
esquinas botava
zonza as alergias

e eu pirraça
de emoções
nas pernas

pensava jamais
fora mordida
nos lábios

e eu bandeirinha
de coração
nos olhos

a guardaria
até perder
os dentes.

a grande alegria dos homens de números

tão queridos
os sofás

mais ainda as cadeiras
de balanço

é tanta palavra
no mundo tanto som

não entendo por que
tanta grade também

estou triste
até passar

uma correria
de crianças.

as avós e as tias

durante toda minha caminhada
pela bola que uns chamam
de terra outros de água

ou como carinhosamente
já apelidaram um amigo
balofo no colégio

só consegui
tomar posse
de uma certeza

e por isso gostaria
de dividi-la passem
para seus filhos:

não há
sequer
um ser

humano que caminhe
pela bola — há quem
a diga achatada —

que não tenha
não teve
ou nunca terá

uma
toalha
bordada

é importante
que seus filhos
passem pros deles
essa verdade

mas se não tiverem
filhos netos tudo bem
sempre terão toalhas
bordadas.

molhar as plantas

tudo tem barulho de mar
enceradeira isopor carro
em movimento aerossol
espirro pistola moeda

telha bombardeio cigarro
queimando pia degradê
cãibra inseto monge
sua vizinha o futuro

tem barulho de mar
na camiseta no quadro
chinelo aeroporto gaiola
panela caverna birita

beijo tem biblioteca
também um curió bola
de chiclete sobretudo
um dinossauro alado

tem mar de todo tipo
de barulho e dentro
de cada mar um ralo
entupido de cabelos.

bicicleta cargueira

felizes são
as gaivotas

voo de dedos
livres ao violão

movimentam discreto
outras aves

um mirante
em cada olho

e o mar de ponta
a ponta do alto

debaixo da luz
inteira do céu

tristes porém doces
inventaram o bolero.

esquina circunferência

a velha passeando com o cachorro
os prédios assistem aos ônibus
indo para o mesmo lugar.

romance em doze linhas

quanto falta pra gente se ver hoje
quanto falta pra gente se ver logo
quanto falta pra gente se ver todo dia
quanto falta pra gente se ver pra sempre
quanto falta pra gente se ver dia sim dia não
quanto falta pra gente se ver às vezes
quanto falta pra gente se ver cada vez menos
quanto falta pra gente não querer se ver
quanto falta pra gente não querer se ver nunca mais
quanto falta pra gente se ver e fingir que não se viu
quanto falta pra gente se ver e não se reconhecer
quanto falta pra gente se ver e nem lembrar que um dia se
[conheceu.

1. o apagador

tique — de checar o bolso
o e-mail o telefone
o relógio angustiado
exercício da ilusão
de acelerar de contar
regressivamente os passos
que me levam à hora
que marcamos — taque.

2. o açougue

a ratoeira e o vinho
doce de garrafão
na barriga

as cascas
da banana no joelho
chego antes

da flecha do correio
elegante do caminhão-
-baú com muitas flores

uma plateia de solas
antiderrapantes rodopia
nas moléculas do ar

e ri da pintura borrada
de sorriso permanente
em meu rosto

não é todo dia
que voltamos
a ter 13 anos.

3. a monga no circo

quando perderes
os para-choques

deixa que caia
toda a roupa

te rebaterás
em dúvidas e lírios

ao ver-te puro e cheio
de urgências

sentirás alegre
preguiça

de toda
a gente

tão desnecessária
toda a gente.

4. a farmácia

um sentimento
zinho sem nome

e por isso
tremendo

nem por isso
temido

chamaremos
de aquilo

que sobra
aquilo que falta

uma purificação
a vontade

irresistível
de nomeá-lo.

5. a violência

vontade constante
de dizer te quero tanto
dela me distraio

mas você me abraça
e de repente todo
o mundo não tem
membros superiores

e então me beija
eu poderia matar
todas as plantas
tenho muito ar

até que sinto
na ponta dos dedos
a coragem de dizê-la.

6. o veículo longo

bom é esticar
até shplect

carimbo
de mancha roxa

viva e larga
até esverdear

morder e quebrar
os dentes

mastigá-los
fazê-los pó

melhor ainda
engolir o pó

do que levar
encolhido

um sentimento
o resto pode.

7. a senhorinha vaca

fazes inveja
a tudo que rasteja

sobretudo
às minhoquinhas

tão atormentadas
pela fibra óptica

bebê, cágado, o passado
não é veloz

estivesse ainda
em moda o engenho

serias útil
eras minha.

8. o romantismo

chumbo que respiro
minha saudade
te apodrece

e te renova
à medida que me lanço
noutra direção

tanto mofo
no que calo
por ti

vinagre
de dores ardentes
nos olhos

com fervoroso credo
em tua morte
minha vida.

9. o tomate

a velha lágrima
escorre da pimenta

— não da rosa
que essa é fruta

e também flor
muito famosa —

a velha lágrima
escorre do reino

das mágoas claras
e das malaguetas

a velha lágrima
nunca para de correr.

10. o pecúlio

estou sempre indo ao seu encontro
chego de costas pra você achar que estou indo embora
saio de frente pra você achar que estou chegando
estou sempre perdido indo ao seu encontro

é assim a minha vida e o meu calendário
eu estou sempre indo ao seu encontro
não preciso ir mais longe pra saber
que estou sempre indo ao seu encontro.

11. o mutismo

a corda da distância
tem tamanho infinito

inventemos pois
o pé

e o lenço de enxugar
lágrimas antigas

vou me pintar
disposto

na costura
de novas histórias

mas comovido
em segredo

vivo de anotar
no caderninho.

esquina parábola

mamãe posso comer
essa pipoca

não pode minha filha
é macumba
macumba não pode comer

e o guaraná pode
ah mãe deixa.

de castigo na merenda

felicidade é o que tem dentro
das bolinhas de papel

e se arremesso
lá vai ela

pela porta na careca
do inspetor

brinca de pique aposta
corrida numa perna só

quica sobe vira pipa
nos braços livres do céu

cai de algodão
das nuvens

e de sono nas penas
dos travesseiros

a felicidade é muito mais
desconcertante que a dor.

seu paquera

as omoplatas
são os seios
das costas

quando belas
que vontade
de tocar

falo isso
para registrar
as suas

que peitos
e a vontade
de tocá-los.

maquete

o déficit de atenção
da sala passa correndo
vô soprá, vô soprá

o cdf diz cuidado jairo
a feira de ciências
é amanhã

vô soprá, vô soprá
fffuuu meu sopro
de avião fffuuu

lá se vai nosso dez
em estudos sociais
e agora jairo

qual é a moral
da história
diz a professora

tudo na vida vira poeirinha
fessora poeirinha em alto-
-mar meu pai que disse.

escorrego de chão

você não tem nada
mas tem a brisa

a brisa faaaz
carinho

tem futuro
pra ninguém
mas tem a brisa

e a brisa faaaz
carinho

o pão tem 6 mil
anos mas o mar
tem mais

você só tem
a brisa

em comum você
e o mar só têm
a brisa.

malhar o judas

vou polir meu pé
de lata

pra corrida
dos muleque

hoje tem
roda de tchaco

voadora de ninja
no peito

pedrada paulada
marimbada no olho

vou rasgar
tua cara

pra abrir
teu coração

e pular
tua carniça

pra vingar
jesus.

picolé de limão

pensando rápido
a vida é desgraçada

— o primeiro rádio
ganhei no bicho

meu primeiro amor
achei no lixo

o primeiro tiro
levei no bingo

meu melhor amigo
conheci na cadeia

a primeira ambição
um palito premiado —

pensando lento
que graça.

ladainha

[2017]

Para a bexiga imaginária dos pássaros
Para os minerais de caverna
Para a morfologia vegetal
Para os peixes abissais
Para a Tabacarícia

[...]
Nós estamos sentados numa cadeira procurando mesa
Procurando Falatório
Procurando gravar o Falatório todo
E eu antes não sabia de nada disso
Isso tudo pra mim é velho
E eu não sabia de nada disso
[...]

Stella do Patrocínio, *Falatório*,
gravado entre 1986 e 1988

vidádiva

2.

Plantei uma goiabeira
dentro do banheiro
e a cigarra veio
morar comigo

Desde então tomo banho
de óculos, uma sensação
de melancolia molhada
que aprecio

Mas não amo, amor é o que vejo
semear, romper e brotar
da barriga da cigarra
uma parceria:

O canto
é ancestral, adquirido
às vezes peço uma canção
ela não tem ouvidos

Seu olho esbugalhado
de sapo explosivo
o meu inchado
de chorar sem motivo

Estou satisfeita,
mas não devo esperar
nada, é como criar
uma sereia.

3.

Não deu meio-dia
e cabe mais medo na cabeça
que panela em cima da mesa

E esse barulho
é chuveiro quente ou fritura?

São nem quatro da tarde
mas já dói o poente,
o modo, a morte e o mérito

E esse barulho
é ventilador de teto ou pião?

Não é meia-noite
andei a vida inteira
melhor é caminhar

E esse barulho
é chuva ou salva de palmas?

5.

Segredo verdadeiro
é de um só

Faísca dormindo
dentro de galho

Pele descalça
em cima de brasa

Uma fogueira muda
e aos prantos

Mais que isso, talvez,
um amuleto

Que, como tal,
ainda pode ser usado

Sorriso regenerado
depois do abandono

Alguém fugindo
da solidão a pé.

7.

A cabeça mói
é dia corrido
na região do pescoço

Uma gota toca
o primeiro dente
no pingente do cordão

E cai a boca (cheia de terra)
o reboco (nuvens de vão)
o susto (é de madeira)

Quem já fez
de uma pedreira
seu beliche

Não tem medo de veneno
não tem medo de viagem
come o esqueleto da maçã.

11.

Um vento de fervor
picotou os vidros
da janela

Não vai chover, eu vi
eu vi você cuspir de ódio
na cara do pombo

Um segundo vento,
apavorado, recortou a cortina
em lencinhos de partida

Nunca mais vai chover
toma aqui esse chocalho
nunca mais vai chover

O terceiro vento
era um espírito e nós
nos curvamos abraçados.

13.

A densa metade
do invisível
se destaca

No rastro da própria
vontade de mostrar
a língua

Digamos que vi

O canino direito
é de ouro e sabe usar
blusa de meia-estação

É muito comum a batata
da perna ser um bife
espetado no garfo

Quem duvida que é

Ocasional e
pode dobrar os joelhos
ao contrário

Logo deveria bastar
a barriga de brejo
que cresce nas patas

Mas ainda assim

É nas cutículas,
farelos, atrasos
a sua morada.

17.

chamado seguido
alcançado e ladeado
freado, encurralado
enfrentado e açoitado
aproveitado e submetido

perdido
dobrado
sucumbido

tomado obtido
recebido e levado
envolvido, ocupado
abrangido e bifurcado
expandido e vencido

por uma interjeição
de ordem
ao dom:

oxalá puindo a roupa
do distúrbio, velando
como música ambiente,
peneira de catar a vida.

19.

Um velho peixe grudado
ao aquário e perto
de morrer

Tentava conversar
comigo no tempo
de um cigarro

Ato, processo, efeito

Todo dia antes
de dormir enquanto
nos olhávamos

Durante anos
me ensinou
o que não se ensina

A vida

Do jeito que faz
todo amante durante
e até a partida

Repetia o mesmo texto
e se julgava sábio,
o eufemismo de fundo

A vida se aprende.

23.

Teve um dia que parecia muito com esses dias que vão chover
eu entrei numa casa e disse se ventar agora eu vou morar aqui
floriu; agora é perto dela que eu gosto de passear
não é por nada é que tem uma esquina
com quatro estabelecimentos: um armazém
um posto de gasolina um sobrado e um prédio
feio porque fino e também azulejado que ajuda
a empurrar de pêndulo em pêndulo uma corrente
de vento enlutado, logo, mais vivo; aqui o silêncio não é continência
é uma variedade particular que faz parecer que as coisas estão
[perplexas
e estão no tempo de alguns segundos intervalados tudo está
[felizmente parado
exceto os cachorros as crianças e as folhas todo o resto usa algum
[tipo de coleira
a idade é uma delas; eu passeio nessas ruas só porque as folhas
[andam
atrás de mim enquanto eu caminho
(uma delas ficou presa num pedaço de pau, outra num poste)
e sempre que algo assim que parece não existir mas existe e se
[revela eu digo olá.

29.

Laura me leva para a água
Não é só assim que somos felizes
Mas aqui somos mais
É bom passar minúsculos
Olhando para uma coisa só
Como se nunca tivéssemos inventado
Uma imagem sequer do futuro
E então ficamos cerca de um minúsculo
Olhando para o mar e fingindo
Que o movimento das ondas
Era parecido com estender lençóis
E quem as estendia éramos nós
Você sabe, a água não para de ser água
E nós não parávamos de tentar
Arrumar o mar, que não nos incomoda
Ele é um peixe amando outro peixe
Laura gosta de arrumar a cama
Todos os dias, eu desligo o ventilador
Porque a cama é um tipo de mochila
De encosta, de bandeja, de sola de pé
Para os morcegos; prisma ao que gosta
de dormir, balcão ao que gosta de acordar
Não sei explicar mas é como chegar na água
E saber nadar, muito mais ainda assim e por tudo
É conseguir chegar naquilo que eu sou
E cada vez mais perto daquilo que sou com alegria
É uma camisa de força do avesso
Muito boa para o mergulho.

canseios

31.

por qual rio eu vou

chuva
      chuva
            chuva
                  chuva
                        chuva
                              chuva
cardume cardume cardume cardume de setas
                            revoada
                      revoada
                revoada
          revoada
revoada

por qual mar eu volto

37.

O fogo se desdobra em fogo
e o fogo vira mais fogo
muito fogo

Até que vira
cinza e a cinza
um monte de cinza
muita cinza vira

Terra e a terra
debaixo da terra
tem mais terra
não acaba até

Aparecer a lâmina
da água
escorrendo
sobrevivente e debaixo

Dessa água talvez mais
água e depois mais
terra e a terra
pega fogo sozinha

Não sinto falta de ar
grande amigo é o vento
acende fogo espalha terra
bota a gente pra dormir.

41.

Vestimenta sisal
almoço janto e ceio
sisal congelado

No café é sisal
enfrento o trânsito
pela ciclofaixa sisal

Durmo no sisal e sonho
com cápsulas de sisal
efervescente

Minha meta é o sisal
e no meu futuro
está lá o sisal

Estarei viva e sisal
quando inventarem
o sisal intravenoso

E com isso espero
fazer mais amigos sisal
em momentos sisalíssimos

Também um filho um filme
etc. uma manifestação
a favor do sisal

Quem eu levaria
para uma ilha deserta?
Você já sabe.

Tenho esta obsessão
não preciso explicá-la
eis um poema sisal.

43.

Sei que não é o momento
mas espere um instante
escrevi a resposta
letra sincera, simulada educação
e cheguei ao final
morrendo de sede

Sei que não é o momento
mas espere, estava deserta
a casa, fiz uma ligação
para povoar a casa
mas não fui atendida
que bom

Sei que não é o momento
mas aqui do lado tem ferrovia
o trem passa dentro de casa
o trem passou
passou como quem desiste
o trem raramente desiste de passar

E amanhã, amanhã
eu juro, amanhã eu vou
sair de casa
com a carta
pra longe
do trem

Sei que não é o momento
mas a carta não diz nada

demais, é como tudo
depois de tudo
a carta sou eu dormindo
a carta é alguém
jantando no escuro

Sei que não é mas eu digo
e vou dizer na ligação
assim que for atendida
e fui e é sua
a opção de deixar
o telefone no mudo

Sei que ele é quem persevera
célere, enérgico, vivaz
ligo, escrevo, canto, rio
para falar do instante
como este que dividimos agora.

47.

Do jeito que as coisas andam
áridas, sem gelo, pra trás
não vou voltar da rua
trazendo pão

Mas pode ser que o tempo mude
e amanhã eu acorde
com vontade
de fazer um suco

Sofro de dores barítonas
dois dias sem abrir a boca
minha cabeça tá um baile
de ácaros

Não sei pra onde vai aquele trem
mas meu nariz já consegue filtrar
os segredos que as rosas
trocam no vento

É que eu estou de férias
poderia até organizar
um batizado, fingir
que adoro camarão

Se você pensar não é
todo mundo que tem primos, os sisos,
conta no banco e um colchonete
de solteiro pras visitas

Por isso vou fazer o que sempre quis
comprar um caixote fechado de uvas
e passear de caminhão
nas vias proibidas.

53.

De longe eu avisei ao eucalipto
que lá envinha outro eucalipto

Um eucalipto dois eucalipto
sete vinte oitenta eucalipto

Viola violino violoncelo vontrabaixo
mas o que faz falta mesmo é o violão

Florestorquestra cujas raízes do maestro
são gengíbricas mélicas alhovasculares

Afinal pra garganta é muito bão o violão
No corpo eucalipto é melhor que limão

Veucalipto eu vou cantar, eu vou benzer
Veucalipto, eucaliptorácico, eucaliptoral.

59.

Temporal é diferente
de tempestivo

Uma chuva tempestiva
um homem temporal

Temporal é tempestade
seu sujeito, tempestuoso

Um homem tempestuoso
debaixo da chuva

Tem pressa mas medita
sobre lentilhas quentes

Névoa, orvalho
dilúvio, orgulho

Homem-nevoeiro
adora lentilhas

Espera lentilhamente
a última tempestade.

61.

I

Casa com piscina no deserto
foi vista no mar descendo
de costas pelo rio

Flutuava quando via
do outro lado da parede
a vizinha do térreo

— hoje bela cachoeira
com gruta reversa um dia
já foi dançarina de riacho —

Esfregar os dedos no tanque
e depois jogá-los ao bidê
para acalmar os sapos

II

Uma fogueira passou voando,
assando nuvens, apaixonando
os pássaros: — não foi nada

Deitada no centro de uma
varanda circular, isto é,
deitada em si mesma

Alisava sua imensa baía
e pingava de chuva, respingava
de pedra: — serei um lago?

Depois da sobremesa,
encantada, adormeceu pensando
em comprar taças.

67.

Punhal de enfeite dorme e sonha
sonha e gosta de lembrar pouco
se sabe sobre ele quantas
batalhas se tem coração e a altura

Pluma de cortina desce acanoando
com o vento e espana de lado
arrumadeira com segurança
a queda e é assim que passeia

O punhal de enfeite abraça a pluma
sem vergonha são como água pétrea
a pluma está acordada mas sonha
e no sonho acaricia o metal

Os dois tão fortes e só assim possíveis
e já amigos breve amantes depois namorados
dançam pro vidro do espelho logo atrás dois
maxixes um samba sacudido que pés de valsa

Se eu contar ninguém acredita mas é isso
e isso que esperam do final eu cheguei
bem depois de uma volta inteira
completa, isto é, lenta.

71.

Na escada de incêndio
e sua inseparável
atmosfera de desastre

Um cego
de fones
tira fotos e grita

— Estamos todos juntos!
A rave do fim do mundo
é a mais longa de todas

São lindos os seus olhos
de ouriço, o foco turvejado
a dilatação, a queima

— Toda imagem é uma explosão,
e o que eu quero é criar
memória pros outros

Mas fatal mesmo é o jeito
de mexer as mãos, parece que pinta
longas estradas de terra.

meu deos

73.

Eu os estranho como a um velho conhecido
que não chegou a ser amigo, silêncio cheio
de ilusão e mandioca madura

Poemas de corte, de raspagem, de forma
e de detalhamento: ladainha,
o ritmo é raríssimo de se mamar na musa

Quando resolvo dar-lhes nomes
de olhos abertos nunca sei a medida
do bolo, da Terra, da santidade

Meus poemas agora duvidam entre a pedra
marrom e a pedra verde-sabão, de cara vejo
a suspensão confio a tudo que vai passar.

79.

Poder é perigo
e hoje acordei
rindo

Dom é tom
e hoje acordei
rindo

Querer é criatura
e hoje acordei
rindo

Na cara a boca
na pia o prato
sujos de feijão.

83.

Este poema é para o meu rosto
acordar nos braços de um trombone

Vai ser num quarto sem cortinas
a cegueira de quem dormiu na praia

Que o primeiro olhar seja transversal
como o das pessoas usando vassouras

Lentamente levanta um braço
suado e ao mesmo tempo limpo

E faz uma magia pro rosto caminhar
até a porta e tropeçar num taco solto

O espelho que tudo anuncia amaldiçoa
também a maldição e estamos quites

A sobremesa preferida vem a seguir
é o apuro que não tem atalhos

Todo poema carrega um rosto
e nele um susto que nunca passou.

89.

Ser boa estudante apenas por amar
muitas professoras, a bolada na cara
logo depois e quase cair dentro de um poço
mas segurar na borda, lanhar o joelho

A teta na pedra, o rugido da amendoeira,
a dedada no cu do marreco, transformar
a bicicleta em mobilete com copo plástico,
se alimentar só de melancia e mate

Medo de areia movediça, esconder
papel de carta no terreno baldio,
perder um pé do tênis, achar
um ano depois e usar

Ser o rebelde atônito que age
em tempos sibilados, acertar o olho
do passarinho e queimar internamente
cada um dos planetas

Ver a gema de um ovo estourar
pela primeira vez e se admirar
com o mar dourado partindo
pra cima do arroz e da farofa

Lembranças.

97.

Escrever é irmão
do andar e primo
do voltar, substitua

No inverno é bom

Escrever com calma
e inventar um cinzeiro flutuante
chegar e sair descalça do poema

No verão bombom

Escrever sempre
o tempo é uma mula elástica em fuga
e se conselho fosse bom

Sair na rua de moletom.

101.

```
                 só
          só     com
   só     com    muito
só com    muito  vento
```

103.

Comum cão comum cão comum
o cão mais comum de chinelo
na boca as orelha murdida
as pata bichada o bicho
dentro do bicho olho
remelento não olho
emocionado

O cão comum o tigre tentou
rancar de mim aquilo tudo
que era tão próximo
o tigre quis levar
tudo de mim
do jeito dele quis
só as coisas comuns

A flor que nasce do alho depois
que o alho já nasceu, a circunstância
e as engenharias circulares dos acordos
diários naturais, a verdade do espírito não
é só do homem não.

107.

É dar de beber à vantagem e se aliar
a veneráveis estátuas de si mesmo,
um desprezo do avesso, isto é, puro
sal imantado de vegetais

É a flauta doce, já quase frita
dentro do nervo auditivo que diz
vamos sem igrejas, vamos lavar
com água o que entendes pelo mal

É o jagunço da própria alma
cuja faca é um pincel bojudo
ao substituir cada olho por pedra
e outra na testa, a outra é livre

É o ramalhete de galhos
que se abre devotado; sabe,
amar as plantas é mais difícil
que amar os animais

As pessoas gostam muito de falar
rosto de farol, ânsia, desejo e morte
elas sentem notável prazer em falar
as pessoas gostam muito de falar de doença.

109.

Viver em espaços enormes aéreos de patinação mental
e reeditar, segundo após segundo, um poço artesiano
sem água onde dizem viver um jacaré e um passante
de beirada de poço artesiano e também o vigia
voluntário que guarda a beirada do poço;

Dedicar dias inteiros à feitura sem culpa de precisamente nada,
de vez em quando rezar, o tempo em quantidade também passa
em quantidade, uma lâmpada acaba de queimar, ventou triste e
[só balançou
o pompom da cortina, uma folha não caiu e voou
pra cima, é destino?, sabe-se lá quais são os elementos da fé,

mas acredito que a certeza e a invenção lhe equivalem em
[diâmetro,
pensamentos mais largos vão ficando viúvos de pensamentos mais
[meninos
e vez ou outra ocorre aquela deflagração que, refém
de um instante simples, se aproxima de uma total falta de brilho
e energia, qual a diferença entre um aviso e um sinal;

Descobrir quem vigia, quem passa, qual é o tamanho do poço
para medir o tamanho do jacaré, mas não ser aquele que vigia,
ser aquele que passa, espalhar concreto batido no corpo e virar o
[poço,
dar de presente ao poço um desenho de água, cuspir
essa água e nela boiar, todo o tempo cantar, escolher o jacaré.

113.

Os motivos são muitos
eles se perdem em filhos
e eu os desejo melhor do que sei
planejá-los em fila consigo prevê-los:
motivo 1, ação 2, reação 3 por que será
que a reação de dizer reação é a primeira
depois de ação, assim os lucros e dividendos,
perdas e ganhos, mistérios da meia-noite, carótida!
A substância e o princípio é sempre perder ou ganhar
O rio que passa no meio dos dois polos fomos ensinados
a secar; mas de vez em quando, como agora, não é bom mudar
a poltrona de lugar, mas a cadeira sim; colocar cem gramas
[de farinha na sopa, sentar, babar e esperar, talvez dormir,
[afinal muitos no mundo
diferentes dos outros inesperados: nós e os motivos, e o que já se
[espera nunca sai
como o esperado e a verdade é que, bem, a verdade é
que são muitas verdades também então nada absolutamente
[nada que foi dito ficará;
hoje cedo me peguei pensando em como um dia eu ia saber que
[isso fosse acontecer
e depois de coçar a cabeça respondi perguntando algum dia
[você já soube.

127.

Ando cansada.
Ando cansada da perna
Ando cansada da veia
Ando cansada do pé

É a musculatura, a ossatura
e a fascite plantar. Metatarsalgia,
Neuroma de morton, rígido hálux

Ando muito devagar. É informação,
é inflamação. E o que não é dedo,
é tornozelo ou calcanhar

Ando muito cansada dos cigarros
que eu fumo porque eles se fumam
sozinhos quando venta.
Ando cansada de pólvora.

131.

Sempre limpo os pés antes de entrar
no sono e aí um frango inteiro lindo
e cru me tira para dançar

O filme é a revolta dos folclores e o mundo
se carameliza em bosta, toda vaca
é gordona e a terra cinza de papel

Os prédios têm mais nome de mulher
que nome de homem, e o azul é o azul
céu do Centro-Oeste brasileiro

Uma TV a flores ligada
na cena de um mandacaru
nascendo no dedão do pé

Bate aquela vontade de voar
e de descer a escada de barriga
pelo corrimão, cair de cara e morrer

Mas tomar distância num copo de pinga
beber leite pra brincar, depois pinga
depois distância de novo e cantar

A cabeça suja é boa para as coisas
que fazemos em cima das amendoeiras
por exemplo nada, também um poema.

sobre a autora

Bruna Beber (Duque de Caxias-RJ, 1984) é poeta, tradutora, compositora, artista visual e mestre em teoria e história literária pela Unicamp. Publicou sete livros de poesia, entre eles *Veludo rouco* (Companhia das Letras, 2023), vencedor do Prêmio APCA, *Sal de fruta* (Círculo de Poemas, 2023) e *Rua da padaria* (Record, 2013). Também é autora de um livro de ensaios, *Uma encarnação encarnada em mim: Cosmogonias encruzilhadas em Stella do Patrocínio* (José Olympio, 2022), e de um infantil, *Zebrosinha* (Galerinha Record, 2013).

Seus poemas já foram publicados em antologias na Argentina, na Espanha, nos Estados Unidos, no México e em Portugal. *Romance in Twelve Lines*, a série de doze poemas de *Rua da padaria*, foi publicada nos Estados Unidos, em 2023, pela editora Bloof Books, com tradução de Sarah Rebecca Kersley.

Como tradutora, verteu para o português obras de Louise Glück, William Shakespeare, Sylvia Plath, Anne Sexton, Miranda July, Sheila Heti, Bob Dylan, Lewis Carroll, Mary Gaitskill, Eileen Myles, Dr. Seuss, entre outros.

índice de títulos e primeiros versos

5 am, 25
A cabeça mói, 180
A densa metade, 182
a farmácia, 152
a grande alegria dos homens de números, 141
a monga no circo, 151
a nova onda, 22
a novíssima literatura, 44
a paixão é uma altura, 130
a senhorinha vaca, 155
a violência, 153
adj., 26
alfazema, 118
Ando cansada, 217
anéis, 86
ap., 32
artigos para presente, 80
as avós e as tias, 142
av., 31
aviões, 108
barão, 93
barragem, 74
beverage, 46
bicicleta cargueira, 145
bilhete, 40
brincos, 100

broches, 107
caixinha de música, 78
câmera obscura, 28
carolina, 37
Casa com piscina no deserto, 201
cata-vento, 95
chamado seguido, 184
cia, 63
Comum cão comum cão comum, 213
conjugado coração, 126
de castigo na merenda, 162
De longe eu avisei ao eucalipto, 199
dirigível do amor, 84
Do jeito que as coisas andam, 197
dorsal, 76
dotes, 102
É dar de beber à vantagem e se aliar, 214
eggs in a window, 131
elegia, 59
escorrego de chão, 165
Escrever é irmão, 211
esquina circunferência, 146
esquina parábola, 161
Este poema é para o meu rosto, 209
Eu os estranho como a um velho conhecido, 207
fabíola cristina, 66
fds, 123

festa, 82
fevereiro, 105
galerie, 73
galo, 115
gangorra, 110
golightly, 119
graciliano beat, 53
granbery, juiz de fora, 61
guess rô rô, 54
hyde park (crônica de um amor
    louco), 36
ímpar, 94
initials bb, 127
iodo (galactinha buleversada),
    34
janeiro, 96
jardim, 81
jerry, 47
john cage, 21
la jeune fille à marier, 56
lagoa, 91
Laura me leva para a água, 187
ludíbrio, 72
lusofeelings, 24
maime, 121
malhar o judas, 166
maquete, 164
março, 77
mathilda night and day (bar), 49
mega drive, 64
mercurocromo, 33
merthiolate, 35

mobília, 88
molhar as plantas, 144
moscas, 106
música do parque, 140
Na escada de incêndio, 204
nabokov, 45
Não deu meio-dia, 178
narinha, 62
neighborhoods, 48
neil young, 41
notícia, 97
o açougue, 150
o apagador, 149
O fogo se desdobra em fogo, 192
o mutismo, 159
o pecúlio, 158
o que dói primeiro, 139
o romantismo, 156
o tomate, 157
o veículo longo, 154
Os motivos são muitos, 216
para requimute, 30
paraquedistas, 89
pares, 104
paulo do almoxarifado, 114
picolé de limão, 167
Plantei uma goiabeira, 177
Poder é perigo, 208
poema para encorajar hélices,
    98
por qual rio eu vou, 191
porta-joias, 109

Punhal de enfeite dorme e sonha, 203

quaresma apaixonado, 52

rap, 50

rifa, 90

rio de janeth, 23

romance em doze linhas, 148

rua da passagem, 87

rua do passeio, 101

rumbos, 125

saison en enfer, 27

sanja quiet down i need to make a sound, 65

Segredo verdadeiro, 179

Sei que não é o momento, 195

Sempre limpo os pés antes de entrar, 218

sentido sem título, 79

Ser boa estudante apenas por amar, 210

seu paquera, 163

simplesmente (*vulgo somente, sta. teresa, rio de janeth*), 57

situação, 60

só, 212

sonata, 99

súbito barra óbito, 75

sugar blues, 42

Temporal é diferente, 200

Teve um dia que parecia muito com esses dias que vão chover, 186

trident melancia, 85

último tango, 92

um pop para aretha franklin, 38

Um velho peixe grudado, 185

Um vento de fervor, 181

verbo irregular, 122

vermelho antarctica original (*trois gymnopédies*), 58

vestidos, 103

Vestimenta sisal, 193

Viver em espaços enormes aéreos de patinação mental, 215

vivo, 39

vladímir maiakóvski, 55

vô, 29

você & eu, 117

you got me going in circles, 129

zás-trás, 51

TIPOGRAFIA Wigrum

DIAGRAMAÇÃO acomte

PAPEL Pólen Bold, Suzano S.A.

IMPRESSÃO Gráfica Paym, junho de 2025

A marca FSC® é a garantia de que a madeira utilizada na fabricação do papel deste livro provém de florestas que foram gerenciadas de maneira ambientalmente correta, socialmente justa e economicamente viável, além de outras fontes de origem controlada.